Seit 10 Jahren beschäftigen wir uns nun beruflich mit dem Backen. Allerdings nicht als Konditorinnen, sondern als Fernsehjournalistinnen, die Backrezepte vorstellen. Als leidenschaftliche Esserinnen von Süßem haben wir Ihnen eine Auswahl aus den verschiedensten Kuchen-, Torten- und Pralinenrezepten zusammengestellt, die sich besonders gut als Nachtisch eignen.

Vorwort

Sie finden darunter einfache, mittlere und anspruchsvolle Vorschläge, Klassiker wie „Tiramisu“ oder Unbekanntes wie „Weihnachtliche Türmchen“. Wir möchten Sie anregen, ein bisschen herumzuprobieren. Zu manchen Kuchen passen kleine Beilagen wie ein Soßenspiegel aus Fruchtmark. Zu besonderen Anlässen macht sich eine Torte mit selbst gemachten Marzipanrosen gut – die den Vorteil hat, dass man sie am Tag vorher zubereiten kann.

Wir wünschen Ihnen beim Ausprobieren und Naschen viel Spaß!

Angelika Gördes-Giesen und
Norma Rehmann

Landwirtschaftsverlag

Konfektmischung S. 50

Apfeltraum S. 14

INHALT

Leckere Kuchen-Desserts

Gibt es Nachtisch?
Diese Frage haben bereits Generationen von Kindern gestellt und nicht nur sie. Auch Erwachsene sind süße Schleckermäuler. Ohne Nachtisch ist kein Menü komplett.

Ohne geht's nicht…

Schlägt man im Gourmet-Handbuch nach, findet man schwarz auf weiß die Definition, die ja schon im Wort enthalten ist:

Dessert: das Aufgetischte nach dem Abräumen, abgeleitet vom französischen „desservir", was so viel bedeutet wie „den Tisch nach dem Tafeln abräumen".

Desserts werden seit dem 18. Jahrhundert serviert. Sie verliehen der abgeräumten Tafel einen neuen Glanz mit leckerer Pâtisserie: Figuren und Blüten aus Marzipan, Eiskunstwerke oder Creme-Klassiker wie die Crème Caramel, schließlich Obstkörbe, Konfekt und Gebäck.

In Frankreich steht Kuchen genauso auf der Dessertkarte wie Eis. Klassiker sind Schokoladenkuchen oder eine flache Obsttarte. In Italien gehört außer dem bekannten „Tiramisù" zu den Dessert-

klassikern ein Schokoladen-Nusskuchen namens „Zuccotto".
In England krönt zu Weihnachten der gewichtige Plumpudding das Festessen. Auch er hat als Grundlage einen Teig und ist eigentlich ein im Wasserbad gegarter Kuchen.

Kuchendesserts haben Tradition: Fontane, Storm oder Rossini – sie alle hatten eine Vorliebe für gutes Essen. An Feiertagen wurden besonders üppige Desserts aufgefahren, die für die Alltagsküche oft zu teuer waren. Astrid Lindgren liebte Käsekuchen mit frischem Kirschkompott und für ihren kleinen Helden Michel aus Lönneberga waren Festtagsmenüs ohne Käsekuchen nicht komplett.

Charlotte ist nicht nur ein Vorname, sondern auch seit über einem Jahrhundert ein Klassiker unter den Desserts.
Das Prinzip: Eine Schüssel mit gebackenem Biskuit (oder Löffelbiskuits) auslegen, dann Creme- und Fruchtschichten einfüllen, glätten, fest werden lassen und stürzen, sodass eine Kuppel entsteht.

Woher der Name stammt, ist nicht genau überliefert. Vielleicht widmete ein findiger Kocher diese Biskuit-Frucht-Komposition seiner Herzallerliebsten.

Praktisch ist das alles außerdem: Was vom Nachtisch zurückbleibt, schmeckt am nächsten Tag super zum Kaffee, vorausgesetzt man verpackt es gut – und hat noch etwas übrig gelassen.

Die besondere Kleinigkeit: Tischkarten aus Mürbeteig

Am besten stellt man den Mürbeteig mit braunem Zucker her. Den Mürbeteig ausrollen und die Tischkarten mit Formen ausstechen: zum Beispiel als Rechtecke, Herzen oder Tiere. Die Teigstücke zum Backen auf Backpapier setzen. Die Karten backen, noch heiß vom Papier nehmen und gut abkühlen lassen. Mit Zuckerschrift die Namen auftragen und eventuell noch mit Blüten dekorieren.

TIPPS UND TRICKS: WAS HEISST ...?

- BACKOFEN-TEMPERATUR

Alle Temperaturangaben in diesem Buch beziehen sich, wenn nicht anders angegeben, auf Umluftöfen. Bei Öfen mit Unter- / Oberhitze verlängern Sie die Backzeit um 5–10 Minuten oder stellen die Temperatur ca. 20 °C höher ein (175 °C Umluft entspricht etwa 200 °C Ober- und Unterhitze).

- IM WASSERBAD AUFSCHLAGEN

Manche Cremes mit Eigelb werden über dem warmen Wasserbad aufgeschlagen, manche Puddings (so wie der Plumpudding) werden über dem Wasserbad gegart oder Schokolade wird auf diese Weise besonders schonend geschmolzen, sodass sie nicht verbrennt. Das Prinzip ist immer das Gleiche: Man füllt einen Topf nicht ganz mit Wasser, erhitzt es (dabei soll es nicht kochen) und stellt bzw. hängt einen zweiten kleineren Metalltopf oder eine Metallschüssel hinein. In diesem kleineren Behältnis schlägt man dann die jeweilige Creme mit dem Schneebesen zur gewünschten Beschaffenheit auf bzw. schmilzt die Schokolade unter Rühren oder gart den Pudding. Für diesen Zweck gibt es auch spezielle doppelwandige Edelstahltöpfe (sogenannte „Simmertöpfe“).
Das Abkühlen im Eiswasser funktioniert genauso, nur dass man kein Wasser erhitzt, sondern in kaltes Wasser zusätzlich Eiswürfel gibt, um es noch mehr abzukühlen.

- VANILLINZUCKER, VANILLEZUCKER

Vanillinzucker ist mit künstlichem Aroma angereicherter Zucker. Vanillezucker ist mit echter Vanille hergestellt. Man kann ihn leicht selbst zubereiten: Einfach eine Vanilleschote auskratzen und mit ca. 200 g Zucker verrühren. Den Zucker mit der ausgekratzten Schote in einem Glas fest verschließen. Alternativ tut es auch nur eine ausgekratzte Vanilleschote, deren Mark Sie anderweitig benutzt haben. So hat man immer einen kleinen Vorrat.

- GELATINE

Gelatine darf beim Auflösen im Topf nicht zu heiß werden und vor allem nicht aufkochen, dann geliert sie nicht mehr. Vegetarische Alternativen zur aus Schweinen oder Rindern gewonnenen Gelatine sind Agar-Agar oder Pektin. Richten Sie sich – wie auch bei der Verarbeitung der Gelatine – nach den jeweiligen Packungsanweisungen.

WAS TUN, WENN RESTE ÜBRIG BLEIBEN:

TEIGRESTE

Wenn Teigreste bleiben, einfach als Gebäck nutzen. Dazu z. B. den Mürbe- oder Hefeteig ausrollen, Kreise ausstechen oder Streifen schneiden, mit Eigelb einpinseln und z. B. mit Mandeln oder Rosinen bestreuen. So erhält man leckeres Gebäck zur Dekoration oder zum Kaffee.

EIERRESTE

Eigelb zu Rührei verarbeiten. Eiweiß mit Zucker steif schlagen und unter Süßspeisen ziehen (Bioeier nehmen!) oder als Baiser bei 100 °C im Backofen trocken.

FRUCHTRESTE

Zu Obstsalat verarbeiten oder pürieren, in Eiswürfelschalen füllen und einfrieren. Mit den Würfen lassen sich Saucen und Süßspeisen bestens abschmecken.

GEBACKENES

Gebackene Böden lassen sich gut einfrieren. Kleine übrig gebliebene Reste einfach zerbröseln und in einer Vorratsdose aufbewahren. Gebackene Mürbeteigbrösel vermengt mit flüssiger Butter können zu ungebackenen Tortenböden werden. Mischt man die Brösel mit braunem Rohrzucker, lassen sich damit Quark und Cremespeisen verzieren.

ZUTATEN
FÜR DEN TEIG
300 g Mehl, 1 Päckchen Backpulver, 70 g Zucker, 2 Päckchen Vanille-zucker, 7 EL Milch, 7 EL Öl, 150 g Quark, Saft einer unbehandelten Zitrone, 6–8 Äpfel (z. B. Boskop)

FÜR DIE FÜLLUNG
wahlweise je eine Handvoll in Rum eingelegte Rosinen, grob zerkleinerte Mandeln oder Nüsse, 3 EL Schokoaufstrich, 100 g Marzipanrohmasse

Äpfel im Schlafrock

ZUBEREITUNG
Für den Teig Mehl und Backpulver in einer Rührschüssel vermischen. Dann die übrigen Teigzutaten dazugeben und alles mit einem Holzlöffel verrühren. Zum Schluss den Teig mit den Händen kneten. Er soll sich elastisch anfühlen. Sollte er an den Händen kleben, noch etwas Mehl einarbeiten. Den Teig beiseitestellen. Die Äpfel waschen, abtrocknen und mit dem Apfelausstecher die Kerngehäuse ausstechen. Das eine Ende jeden Apfels mit einem kleinen Stück Marzipanrohmasse verschließen und die Äpfel nach Belieben mit Rosinen und/oder Nüssen oder mit Schokoaufstrich (Zimmertemperatur; evtl. etwas erwärmen, damit die Masse flüssig wird) füllen. Dabei die Füllung etwas mit dem Finger hineindrücken. Zum Schluss die noch freie Öffnung mit einem Stück Marzipan verschließen. Den Backofen auf 160 °C Ober- und Unterhitze vorheizen. Den Teig kurz noch einmal durchkneten und in zwei Stücke teilen. Ein Teigstück auf einer bemehlten Arbeitsplatte dünn ausrollen. Einen Apfel daraufsetzen und mit einem Messer einen Teigkreis darum herum ausschneiden. Der Durchmesser des Kreises muss groß genug sein, um den Teig nach oben um den Apfel zu klappen und ihn ganz zu bedecken. Eventuelle Lücken im Teig dabei etwas übereinanderziehen und gut andrücken. So mit dem restlichen Teig und allen Äpfeln verfahren. Die Äpfel im Schlafrock 35–40 Minuten backen, bis die Teighülle goldbraun aussieht.

TIPP: *Am besten schmecken die Äpfel im Schlafrock, wenn sie noch warm in heißer Vanillesoße mit Rosinen und Nüssen serviert werden. Für Kinder kann man die Rosinen statt in Rum in Apfelsaft einlegen.*

Äpfel im Schlafrock

Apfel-Bananen-Tarte

ZUTATEN

1 Paket Blätterteig am Stück aus dem Kühlregal à 275 g (1 Stück à 25 x 42 cm), 2 große oder 3 kleinere Eier, 1 Päckchen Vanillepuddingpulver zum Kochen, 1–2 Päckchen Vanillezucker (je nach Geschmack), 1/2 TL gemahlener Zimt, 200 ml Crème fraîche, 3–4 Äpfel, 1 Banane, 1 EL Haselnusskrokant

Apfel-Bananen-Tarte

ZUBEREITUNG

BODEN

Eine Tarteform aus Keramik oder eine Tortenbodenform (26 oder 28 cm Durchmesser) fetten und leicht bemehlen. Das Blätterteigstück so in der Form ausbreiten, dass deren Rand an drei Seiten bedeckt ist. Überstehenden Teig abschneiden, sodass er mit der Kante abschließt. Restlichen Teig da anlegen, wo die Form noch nicht bedeckt ist. Den Blätterteig festdrücken und mit einer Gabel mehrmals einstechen.

FÜLLUNG

Eier verquirlen und mit Puddingpulver, Vanillezucker, Zimt und Crème fraîche zu einer glatten Masse verrühren. Äpfel vierteln, schälen und in Spalten schneiden. Die Eimasse in die Form füllen und die Apfelspalten in Kreisen von außen nach innen legen. Die Mitte der Tarte mit Bananenscheiben auslegen.

BACKZEIT

Die Tarte im vorgeheizten Backofen bei 180 °C (Umluft) etwa 25–30 Minuten backen und noch heiß mit Haselnusskrokant bestreuen.

TIPP: *Die Tarte schmeckt warm oder kalt. Besonders gut passen dazu Schlagsahne und/oder Vanilleeis.*

ZUTATEN
FÜR 8 PERSONEN

8 mittelgroße Äpfel (möglichst eine säuerliche Sorte, die nicht zu Mus zerkocht), 200 g Marzipanrohmasse, 1/4 l Apfelsaft, etwas Butter

FÜR DIE KRÜMEL

200 g Vollkornmehl, 50 g geriebene Mandeln, 100 g brauner Zucker, 1–2 TL Zimt, 1 Prise Salz, 150 g Butter

Apfelkrümelchen

ZUBEREITUNG

Zuerst die Äpfel schälen und die Kerngehäuse ausstechen. Den Boden einer Auflaufform mit Butter bestreichen. Äpfel in die Form setzen. Die Marzipanrohmasse zu acht kleinen Röllchen formen und die Äpfel damit füllen. Butterflöckchen aufsetzen und den Apfelsaft über die Äpfel gießen.

KRÜMEL

Für die Krümel Mehl, Mandeln, braunen Zucker, Zimt und Salz in einer Rührschüssel mit dem Handmixer und dem Knethaken vermischen. Butter schmelzen und in die vermischten Zutaten gießen. Nochmals gut verkneten. Die Krümel über die Äpfel geben.

FERTIGSTELLUNG

Die Form in den kalten Backofen schieben. Etwa 30 Minuten bei 200 °C Ober- und Unterhitze (Umluft: 180 °C) backen. Nach 15 Minuten Backzeit mit Alufolie abdecken, damit die Krümelmasse nicht zu dunkel wird. Heiß servieren, je nach Geschmack mit Vanillesoße oder Vanilleeis.

Apfelkrümelchen

ZUTATEN

100 g Löffelbiskuits,
1 Päckchen (oder Fläschchen) Rumaroma,
700 g Apfelmus,
250 g Magerquark,
250 g Mascarpone oder anderer Frischkäse,
100 g Zucker,
1 Päckchen Vanillezucker,
2 EL Milch,
200 ml Sahne,
1 Päckchen Sahnesteif,
2 TL Kakaopulver

Apfeltraum

ZUBEREITUNG

Eine Auflaufform mit den Löffelbiskuits auslegen. Die Löffelbiskuits mit dem Rumaroma beträufeln. Das Apfelmus daraufgeben und die Oberfläche glatt streichen. Quark, Mascarpone, Milch, Zucker und Vanillezucker gut miteinander verrühren. Die Sahne mit dem Sahnesteif schlagen und unter die Quarkmasse ziehen. Diese Creme auf das Apfelmus schichten, etwas glätten und dann mit einem Löffel mehrmals eindellen, sodass eine leicht wellige Oberfläche entsteht.

FERTIGSTELLUNG

Das Kakaopulver darüberstäuben und alles abgedeckt für einen Tag im Kühlschrank durchziehen lassen.

TIPP: *Statt mit Rumaroma können Sie die Löffelbiskuits auch mit vier Esslöffeln Calvados oder mit einer Mischung aus zwei Esslöffeln Calvados und zwei Esslöffeln starkem erkalteten Espresso beträufeln.*
Apfelmus kann man auch leicht selbst machen: Ein Kilo Äpfel (am besten Boskop) schälen, entkernen und klein schneiden. Mit zwei Päckchen Vanillezucker erhitzen und zum Schluss nur grob mit einem Kartoffelstampfer zerstampfen, sodass noch Apfelstückchen übrig bleiben.

Apfeltraum

Apfel-Zwieback-Kuchen

ZUTATEN
FÜR DEN KUCHEN

10 Zwiebäcke, 1/4 l Milch,
4 Äpfel, 20 g Butter, 40 g Zucker,
2 Eier, 1 unbehandelte Zitrone

FÜR DIE SOSSE

1 Päckchen Vanillesoßenpulver
zum Kochen, 1/2 l Milch,
20 g Zucker

Apfel-Zwieback-Kuchen

ZUBEREITUNG

Die Zwiebäcke in kleine Stücke brechen und mit der Milch übergießen. Die Äpfel schälen und in dünnen Scheiben in eine mit Backpapier ausgelegte Kastenform füllen (oben 30 cm lang und 12 cm breit). Die Schale der ganzen Zitrone abreiben und die Zitrone halbieren. Eine Hälfte auspressen und die Äpfel mit dem Saft begießen, damit sie nicht braun werden. Die Eier trennen und das Eiweiß sehr steif schlagen. Dann Eigelb, Butter, Zucker und Zitronenschale zu einer glatten Masse verrühren. Vorsichtig Eischnee und die eingeweichten Zwiebäcke unter die Eigelbmasse heben und alles auf den Äpfeln verteilen.

BACKZEIT

Den Kuchen für ca. 30 Minuten bei 190 °C im vorgeheizten Ofen backen.

Die Vanillesoße nach Packungsanweisung zubereiten. Der Apfelkuchen kann kalt oder warm mit der Vanillesoße gegessen werden.

Cappuccino-Eistorte

ZUTATEN FÜR DEN SANDTEIGBODEN
175 g weiche Butter, 125 g Frischkäse, 120 g Zucker, abgeriebene Schale von einer Zitrone, 1 Päckchen Vanillezucker, 3 Eier (M), 225 g Mehl, 2 EL Kakao, 2 TL Backpulver

FÜR DIE EISFÜLLUNG
1 EL Instant-Espressopulver, 2 Blatt weiße Gelatine, 7 Eier (M), 150 g Zucker, 300 ml Sahne, 1 Prise Salz

FÜR DIE DEKORATION
60 g Marzipanrohmasse, 1 Eiweiß (M), 1 EL Milch, 2 EL Zucker, 1 gehäufter EL Mehl, etwas Kakaopulver

ZUBEREITUNG
Backofen auf 160 °C Umluft vorheizen. Butter und Frischkäse cremig rühren. Zucker, Zitronenschale, Vanillezucker und nach und nach die Eier zufügen, alles gründlich verrühren. Mehl mit Kakao und Backpulver mischen, nur ganz kurz unterrühren. Teig in eine Form füllen, glatt streichen und ca. 40–45 Minuten backen. Aus der Form lösen und auskühlen lassen. Den erkalteten Tortenboden längs teilen. Für die Füllung das Espressopulver in 4 EL heißem Wasser auflösen. Gelatine in kaltem Wasser einweichen. Eier trennen. Eigelb mit 100 g Zucker im heißen Wasserbad dickcremig schlagen. 2 bis 3 EL Sahne erhitzen, die Gelatine darin auflösen und unter die Eiercreme schlagen. Im Wasserbad abkühlen lassen. Restliche Sahne steif schlagen. Eiweiß mit Salz steif schlagen, dann den restlichen Zucker nach und nach unterrühren.

Sahne und Eischnee nacheinander unter die abgekühlte Eigelbcreme heben. Ein Drittel der Masse abnehmen und beiseitestellen. Den aufgelösten Espresso unter die restliche Creme rühren. Einen Tortenring um den ersten Boden legen, mit der Kaffeecreme füllen und kurz im Tiefkühlfach anfrieren. Dann den zweiten Boden auflegen und die helle Creme darauf verteilen. Die Torte sollte nun mindestens eine Stunde tiefgekühlt werden.

Für die Kekslöffel-Dekoration das Marzipan klein würfeln und mit Eiweiß, Milch, Zucker, Mehl gründlich verrühren. Den Backofen auf 160 °C vorheizen. Den Teig durch ein Sieb streichen. Mit Hilfe einer Löffelschablone (Tee-löffel auf eine Pappscheibe legen, abzeichnen und ausschneiden) ca. 12 Löffel dünn auf ein mit Backpapier ausgelegtes Backblech streichen. 6–8 Minuten backen, bis die Löffel goldgelb und am Rand etwas gebräunt sind. Vom Papier lösen und sofort auf einen Löffel drücken, damit sie plastisch werden. Abkühlen lassen.

Die Torte mindestens 20 Minuten vor dem Servieren aus dem Tiefkühlgerät nehmen. Mit Kakao und Kekslöffeln dekorieren.

Cappuccino-Eistorte

Dampfnudeln

ZUTATEN FÜR DEN TEIG

500 g Mehl, 50 g Zucker,
30 g Hefe, 1/4 l Milch, 1 Ei, 50 g Butter, } *Zimmertemperatur*
abgeriebene Schale einer ungespritzten Zitrone,
1 Prise Salz

ZUM DÄMPFEN

1/4 l Milch, 40 g Butter,
50 g Zucker, 1 Prise Salz

FÜR DIE FÜLLUNG

14 getrocknete Soft-Aprikosen,
4 EL Zucker, 1 TL gemahlener Zimt,
250 g Butter

Dampfnudeln

ZUBEREITUNG

Die Hälfte der Milch leicht erwärmen. Mehl in eine Schüssel füllen, Zucker darüberstreuen und in die Mitte eine Mulde drücken. Die Milch hineingießen und die Hefe hineinbröckeln. Beides mit etwas Mehl vermengen und 15 Minuten gehen lassen. Butter in der restlichen Milch schmelzen. Diese Mischung lauwarm mit Ei, Salz und Zitronenschale zum Teig geben und verkneten. Der Teig soll sich vom Schüsselrand lösen. Ist er zu klebrig, noch etwas Mehl zugeben. Den Teig eine halbe Stunde gehen lassen. Eine Arbeitsplatte bemehlen, darauf aus dem Teig erst eine Rolle formen und in 14 Scheiben schneiden. Die Scheiben zu Klößen formen, in jeden Kloß eine Delle drücken, eine Aprikose hineinsetzen und wieder verschließen. Die Klöße nochmals gehen lassen.

FERTIGSTELLUNG

Zum Dämpfen Milch, Butter, Zucker und Salz in einem Topf (in dem alle Klöße nebeneinander passen) erwärmen. Klöße hineinsetzen und Deckel auflegen. Milchmischung einmal aufkochen lassen. Hitze reduzieren und die Klöße in etwa 20 Minuten gar ziehen lassen. Zimt und Zucker mischen, die Butter schmelzen und leicht anbräunen. Die Klöße heiß auf Teller verteilen, mit Zimtzucker bestreuen und mit der braunen Butter begießen.

TIPP: *Statt Zucker, Zimt und brauner Butter schmecken auch Vanillesoße oder Pflaumenkompott. Man kann die Klöße auch mit frischen Früchten (z. B. Pflaumen) füllen oder ohne Füllung servieren.*

Dinkelwaffeln

ZUTATEN FÜR DIE WAFFELN

250 g weiche Butter,
170 g Zucker, 1 Päckchen Vanillezucker, 6 Eier, 500 g Dinkelmehl (Typ 630, kein Vollkorn-, sondern ein Auszugsmehl), 1 Päckchen Backpulver, 250 ml Milch,
250 ml kohlensäurehaltiges Mineralwasser

FÜR DEN QUARK

250 ml Sahne,
1 Päckchen Vanillezucker,
500 g Magerquark,
5–6 EL Holunderbeergelee

Dinkelwaffeln

ZUBEREITUNG

WAFFELTEIG

Die weiche Butter mit Eiern, Zucker und Vanillezucker schaumig schlagen, dann Mehl und Backpulver unterrühren, dabei nach und nach Milch und Mineralwasser zufügen. Der Teig soll leicht dünnflüssig sein; eventuell noch etwas Flüssigkeit zufügen.

QUARK

Sahne mit dem Vanillezucker steif schlagen. Magerquark mit dem Holunderbeergelee glatt rühren und die Sahne unterziehen.

FERTIGSTELLUNG

Die Waffeln in einem Waffeleisen ausbacken und noch warm mit dem Holunderbeerquark servieren.

TIPP: *Als Variante kann man das Holunderbeergelee ohne Quark unter die geschlagene Sahne ziehen. Die Sahne dann nicht mehr süßen.*

Eiscremetorte mit Baiser

(Grillagetorte)

ZUTATEN FÜR DEN BAISERTEIG
4 Eiweiß, 180 g Zucker, 100 g gemahlene Haselnusskerne, 20 g Mehl

FÜR FÜLLUNG UND BELAG
750 ml Sahne, 100 g dunkle Schokoladenraspel, 4 EL Rum oder Weinbrand, 100 g Zucker, 100 g gehackte Nuss- oder Mandelkerne

Eiscremetorte mit Baiser

(Grillagetorte)

ZUBEREITUNG
Aus Backpapier drei Kreise (26 cm Durchmesser) ausschneiden, auf Backbleche legen. Eiweiß mit Zucker steif schlagen. Die mit Mehl vermischten Haselnusskerne locker unterheben. Die Eiweißmasse gleichmäßig auf allen drei Papierböden verteilen. 40–50 Minuten bei ca. 120–140 °C backen. Baiser wird bei niedriger Temperatur mehr getrocknet als gebacken und soll nicht kräftig gebräunt sein. Die Böden sofort nach dem Backen vorsichtig umdrehen und das Papier ablösen, auskühlen lassen.

Den Zucker in einer Pfanne schmelzen. Die Haselnuss- oder Mandelkerne zufügen und unter langsamem Rühren goldgelb werden lassen. Danach die Masse sofort aus der Pfanne auf ein Pergamentpapier geben. Auskühlen lassen! Nach dem Auskühlen mithilfe einer Teigrolle zerkleinern.

Einen Boden auf eine gefriergeeignete Tortenplatte legen. Einen zweiten Boden zerbröseln. Die Sahne steif schlagen. Schokoladenraspel, Baiserbrösel und Alkohol unterheben. Die Hälfte dieser Masse auf dem ersten Boden gleichmäßig verteilen. Den letzten Boden auflegen und die restliche Sahnemasse darauf verteilen. Den Krokant darauf streuen. Die Torte einfrieren.

Etwa fünf Stunden vor dem Verzehr aus dem Gefriergerät nehmen und antauen lassen. Mit Kakao oder Puderzucker bestäubt servieren.

ZUTATEN FÜR DEN BISKUITBODEN

1 Ei, 50 g Mehl, 50 g Zucker,
2 EL heißes Wasser

EISCREME

200 g Haselnüsse (gemahlen),
5 Eier, 200 g Zucker, 1/2 l Sahne,
1–2 EL Instant-Kaffeepulver,
50–70 g geriebene Blockschokolade (Halbbitter oder Vollmilch, je nach Geschmack)

Eiskrokant-Torte

ZUBEREITUNG

Das Ei trennen, Eischnee schlagen, Wasser hinzugießen, Zucker und Eigelb hinzufügen, Mehl einstreuen, alles gut verrühren und den Teig dann auf dem Boden einer Springform (Durchmesser: 26 cm) 10 Minuten bei 180 °C Umluft abbacken.

KROKANTMASSE

Eier trennen, Eischnee schlagen, Zucker hinzugeben und zum Schluss die Nüsse unterheben. Die Masse auf einem Backblech (mit Backpapier) verstreichen. Bei ca. 130–150 °C Umluft etwa 50–60 Minuten backen. Sobald die Masse gut getrocknet ist, den Krokant aus dem Backofen nehmen, auskühlen lassen und mit einer Teigrolle fein zerbröseln.

SAHNE

Die Sahne schlagen und in drei gleich große Mengen teilen. Ein Drittel pur lassen, ein Drittel mit der Blockschokolade vermischen und aus dem dritten Teil eine Mokkasahne herstellen. Dazu den Instantkaffee in 1–2 Esslöffel heißem Wasser auflösen und unter die Sahne ziehen.

FERTIGSTELLUNG

Den Biskuitboden auf eine kältebeständige Kuchenplatte legen und mit einem Kuchenring versehen. Darauf folgende Schichten auftragen: Krokant, Mokkasahne, Krokant, Sahne pur, Krokant, Schokoladensahne, Krokant.
Die fertige Torte muss 24 Stunden im Tiefkühlgerät durchfrieren. Ca. 15 Minuten vor dem Servieren herausnehmen, so entfaltet die Eiskrokant-Torte ihren vollen Geschmack.

TIPP: *Die Eiskrokant-Torte ist die ideale Vorratstorte für unverhofften Besuch. Einmal zubereitet lässt sie sich gut portionieren. Sie hält sich mindestens drei bis vier Monate in der Tiefkühltruhe frisch, aber nur gut verpackt, denn Eis nimmt leicht Fremdgerüche an.*

Eiskrokant-Torte

ZUTATEN FÜR DEN BISKUITBODEN

120 g Zucker, 2 Eier, 160 g Mehl, 1 TL Backpulver

FÜR DIE FÜLLUNG

4 Eigelb, 1 ganzes Ei, 140 g Zucker, 3/4 l Sahne, 1 Päckchen Vanillezucker, 150 g gezuckerte Erdbeeren, 50 g Krokant, 50 g geraspelte Schokolade, 1 1/2 EL Instant-Kakaopulver, 1 Schuss Cognac (oder Rum oder Weinbrand), 200 ml Sahne zum Verzieren

Eistorte Fürst Pückler

ZUBEREITUNG

BISKUITBODEN

Zucker und Eier im warmen Wasserbad (siehe S. 6) zu einer hellen, cremigen Masse schlagen. Mehl und Backpulver darübersieben und untermischen. Den Teig in eine Springform (28 cm Durchmesser) geben.

BACKZEIT

Ca. 10 Minuten im vorgeheizten Ofen bei 200 °C Ober- und Unterhitze goldgelb backen. Den Biskuit aus der Form lösen und auf einem Kuchengitter auskühlen lassen.

FÜLLUNG

Eigelb, das ganze Ei und Zucker cremig schlagen. Sahne mit Vanillezucker steif schlagen und unter die Eimasse ziehen. Die Masse auf drei Rührbecher verteilen. Gezuckerte Erdbeeren pürieren und unter das eine Drittel mischen. Den Biskuit zurück in die Form legen, evtl. den oberen Teil abschneiden, der Boden sollte nur 2,5 cm dick sein. Die Erdbeercreme darauf verteilen und glätten. Den Krokant unter die zweite Masse heben, löffelweise auf die Erdbeerschicht geben und vorsichtig glätten. Geraspelte Schokolade, Instant-Kakaopulver und Cognac unter das letzte Drittel ziehen, auf die Vanille-Krokant-Schicht geben und auch glätten.

FERTIGSTELLUNG

Die Eistorte für einen Tag in den Gefrierschrank geben. Vor dem Servieren mit Sahnetupfen verzieren.

TIPP: *Die Torte schmilzt schnell und muss sofort gegessen werden.*

Eistorte Fürst Pückler

Eistorte mit Geldstücken

ZUTATEN
FÜR DEN TEIG
200 g „Russische Zigarren“ (feine Gebäckröllchen), 100 g Butter

FÜR DIE DEKORATION
16 Schokoladen-Münzen, Früchte der Saison, z. B. Erdbeeren

FÜR DIE FÜLLUNG
3/4 l Sahne, ca. 100 g Baisers, 100 g Vollmilch- oder Zartbitterschokolade

Eistorte mit Geldstücken

ZUBEREITUNG
Die Gebäckröllchen in eine Plastiktüte füllen, gut verschließen und mit einer Teigrolle zerdrücken. Die Brösel mit der weichen Butter gut verkneten und die Masse in einer Springform (26 cm Durchmesser) gut verteilen, sodass ein dünner Boden entsteht.

FÜLLUNG
Die Sahne in zwei Portionen aufteilen. Die eine Hälfte steif schlagen. Die Baisers – genauso wie die Gebäckröllchen – zerbröseln und mit der Sahne vermengen. Die Baiser-Sahne auf dem Boden verteilen.

FERTIGSTELLUNG
Anschließend die Schokolade fein hacken. Die zweite Portion Sahne schlagen, mit der gehackten Schokolade vermischen und als zweite Lage in die Springform füllen. Für die Dekoration ein bisschen Sahne und Schokolade zurückbehalten und die Torte damit garnieren: Sahnetupfer auf die Torte setzen und mit je einem Schokoladen-Taler verzieren. Mindestens 12 Stunden tiefgefrieren. Eine Stunde vor dem Servieren herausnehmen und mit frischem Obst der Saison, z. B. gezuckerten Erdbeeren, servieren.

TIPP: *Man kann die Torte auch mit in Zucker und Obstbrand marinierten Äpfeln oder Kirschkompott, im Winter mit Rumtopf und Eierlikör servieren.*

ZUTATEN
FÜR DEN BISKUITTEIG
100 g Rohrzucker, 8 Eigelb,
4 Eiweiß, 100 g Mehl

FÜR DIE FÜLLUNG
ca. 1 kg gesäuberte Erdbeeren,
450–500 ml Sahne (30 % Fett),
100 g gehobelte Mandeln

Erdbeerbiskuit

ZUBEREITUNG

TEIG
Eigelb mit der Hälfte des Zuckers cremig rühren. Eiweiß mit dem restlichen Zucker zu Eischnee schlagen. Eischnee zur Eigelbcreme geben. Mehl darübersieben und unterheben. Teig auf einem mit Backpapier ausgelegten Backblech verstreichen.

BACKZEIT
Den Biskuit ca. 10 Minuten im vorgeheizten Backofen bei 240 °C Ober- und Unterhitze backen. Dann ein Küchentuch darüberbreiten und den Biskuitboden daraufstürzen. Ein Tuch befeuchten, das Backpapier damit abreiben und vorsichtig abziehen.

FERTIGSTELLUNG
Die Sahne steif schlagen. Den Biskuit dritteln. Einen Boden dünn mit Sahne bestreichen und die ganzen Erdbeeren (bis auf vier besonders dicke) dicht aneinander daraufsetzen. Nächsten Boden auflegen und dick mit Sahne füllen. Dritten Boden auflegen und alles mit der restlichen Sahne bestreichen.
Die dicken Erdbeeren halbieren, daraufsetzen und zum Schluss die Mandeln darüberstreuen.

TIPP: *Wer's süßer mag, gibt 1–2 EL Zucker in die Sahne.*

Erdbeerbiskuit

Erdbeer-Mascarpone-Charlotte

ZUTATEN

4 Eier (getrennt in Eigelb und Eiweiß), 4 EL heißes Wasser, 125 g Zucker, 1 Päckchen Vanille- oder Vanillinzucker, 125 g Dinkel- oder Weizenmehl, 1 gestr. TL Backpulver, 4 EL Amaretto, 250 g Erdbeerkonfitüre, 1000 g frische Erdbeeren, 500 g Mascarpone, 250 g Quark oder Joghurt (fettarm), 1–2 Päckchen gemahlene Gelatine, 1 Päckchen Vanille- oder Vanillinzucker

Erdbeer-Mascarpone-Charlotte

ZUBEREITUNG

BISKUIT

Eigelb, heißes Wasser, 80 g Zucker und ein Päckchen Vanille-/Vanillinzucker in eine Schüssel geben und schaumig rühren, dann die Eiweiße mit dem restlichen Zucker steif schlagen und unter die Eigelbmasse geben. Zum Schluss das Mehl und das Backpulver darübersieben und vorsichtig unterrühren, damit die Eimasse nicht zusammenfällt. Auf ein mit Backpapier ausgelegtes Backblech geben und 10–15 Minuten bei 175 °C im Umluftherd backen. Danach auf ein mit Zucker bestreutes Küchentuch stürzen, das Papier abziehen und mit dem Handtuch aufrollen, so entsteht die Biskuitrolle. Kurz abkühlen lassen – Zeit genug, um die Konfitüre mit dem Amaretto zu verrühren. Die Biskuitrolle wieder abrollen, das Handtuch entfernen, die Konfitüre daraufstreichen und wieder zusammenrollen. Abkühlen lassen und dann mit Puderzucker bestreuen.

ERDBEER-MASCARPONE-CREME

Erdbeeren waschen und vierteln, zuckern und gut durchziehen lassen. Mascarpone und Quark mit Vanille- oder Vanillinzucker cremig rühren. Die Gelatine anrühren, mit einer Hälfte die Erdbeeren andicken, mit der anderen Hälfte die Mascarponecreme verrühren. In einer großen Glasschüssel abwechselnd Erdbeeren und Mascarponecreme schichten. Die letzte Lage sollte eine Cremeschicht sein. Fest werden lassen. Anschließend auf eine große Kuchenplatte stürzen. Damit dies gut klappt, am besten die Schüssel vorher mit dünner Frischhaltefolie auskleiden. Zum Schluss die Biskuitrolle in schmale Streifen schneiden und die gestürzte Erdbeer-Mascarpone-Creme damit verzieren.

ZUTATEN FÜR DEN MÜRBETEIG

250 g Butter,
200 g Puderzucker,
1 Prise Salz,
42 g Kakaopulver,
1 Eigelb, 1 Ei,
340 g Mehl,
2–3 EL Aprikosenkonfitüre (zum Bestreichen)

FÜR DEN BISKUITTEIG

3 Eigelb, 120 g Zucker,
10 g Espressokaffeemehl,
1 Prise Salz, 1 Spritzer Zitronensaft, 1 gestr. TL Vanillezucker, 50 g Marzipanrohmasse, 2 EL Wasser,
3 Eiweiß, 170 g Mehl,
1 geh. TL Backpulver,
50 g Butter

Zum Tränken des Biskuits:
100 ml starker Espresso,
30 g Zucker, 2 EL Orangenlikör

FÜR DIE FÜLLUNG

15 g Espressokaffeemehl,
350 ml Sahne,
3 Eigelb,
50 g Zucker,
3 EL Sahne,
250 g dunkle Kuvertüre,
2 Blatt Gelatine

Espressomoussetorte

ZUBEREITUNG

Zuerst für die Füllung das Espressomehl in 350 ml Sahne einweichen und zugedeckt mindestens 2 Stunden im Kühlschrank ziehen lassen.

MÜRBETEIG

Die Teigzutaten und erst nur 70 g des Mehls verrühren. Dann die restlichen 270 g Mehl einarbeiten. Ist der Teig zu nass, noch etwas Mehl zugeben. Den Teig zu einer Kugel formen und in Frischhaltefolie 2 Stunden in den Kühlschrank legen. Dann auf einer bemehlten Arbeitsfläche etwa 1 cm dick ausrollen und mit dem Rand einer Springform von 20 cm Durchmesser einen Kreis ausstechen. Den Boden der Form mit Backpapier auslegen, den Teigkreis hineinlegen, leicht festdrücken und mit der Gabel mehrmals einstechen. Der übrig gebliebene Teig lässt sich einfrieren.

BISKUITTEIG

Eigelb mit einem Drittel des Zuckers und dem Espressomehl cremig schlagen und mit Salz, Zitronensaft und Vanillezucker würzen. Marzipanrohmasse mit dem Wasser glattrühren und mit dem Teig vermischen. Eiweiß mit dem restlichen Zucker zu Eischnee schlagen und unterziehen. Mehl und Backpulver mischen und unterheben. Die Butter schmelzen und unter Rühren zum Teig gießen. Den Boden einer Springform (20 cm Durchmesser) mit Backpapier auslegen und den Teig hineingeben.

Espressomoussetorte

… Fortsetzung

BACKZEIT

Den Mürbeteigboden im vorgeheizten Ofen bei 170 °C Umluft 5–10 Minuten backen, dabei aufpassen, dass der Boden nicht schwarz wird. Den Mürbeteig heiß aus der Form nehmen und das Papier abziehen. Den Biskuit im vorgeheizten Ofen bei 160 °C Umluft etwa 30 Minuten backen. Den Boden erkalten lassen, aus der Form lösen und das Papier abziehen.

FÜLLUNG

Kuvertüre schmelzen und Blattgelatine einweichen. Eigelb mit Zucker und drei Esslöffeln flüssiger Sahne unter Rühren erwärmen. Die Kuvertüre unterziehen, die Gelatine leicht ausdrücken und unter Rühren in der heißen Schokoladencreme schmelzen lassen. Die Masse etwas abkühlen lassen. Die Espressosahne aus dem Kühlschrank steif schlagen und die Schokocreme darunterziehen. Diese Espressomousse für eine Stunde in den Kühlschrank stellen. 30 g Zucker in 100 ml Espresso auflösen und mit Orangenlikör vermischen. Den dunklen Mürbeteigboden dick mit Aprikosenkonfitüre bestreichen. Den Biskuitboden zweimal waagerecht teilen. Eine Lage mit der Schnittstelle nach oben auf den Mürbeteigboden legen und leicht andrücken. Diesen Biskuit mit einigen Esslöffeln der flüssigen Espressomischung beträufeln. Den Tortenring darumspannen und die Hälfte der Espressomousse auf der Torte verstreichen. Den zweiten Biskuit, wieder mit der Schnittstelle nach oben, auflegen und mit der flüssigen Espressomischung tränken. Die restliche Creme darauffüllen und mit einem Löffel ein kleines Muster in die Oberfläche tupfen. Die Torte für mindestens 2 Stunden in den Kühlschrank stellen. Vor dem Servieren die übrig gebliebene Lage Biskuit zerkrümeln und vorsichtig auf die Seite der Torte tupfen.

Französische Zitronentarte

ZUTATEN
FÜR DEN TEIG
125 g gekühlte Butter, 100 g Zucker,
1 gekühltes Ei, 250 g Mehl, 2 EL Eiswasser

FÜR DIE FÜLLUNG
2 unbehandelte Zitronen, 150 g Butter,
150 g Zucker, 3 Eier, 100 g abgezogene,
gemahlene Mandeln, 500 g Himbeeren
(frisch oder gefroren), 4 EL Puderzucker

Französische Zitronentarte

ZUBEREITUNG

MÜRBETEIG
Teigzutaten verkneten, aus dem Teig eine Kugel formen und eine halbe Stunde im Kühlschrank ruhen lassen. Eine Tarteform (26–28 cm Durchmesser) einfetten. Den Teig dünn ausrollen und in die Form legen, dabei den Rand etwas andrücken; was überlappt, abschneiden.

FÜLLUNG
Butter schmelzen. Von einer der Zitronen die Schale dünn abreiben, dann beide Zitronen auspressen. Eier mit Zucker schaumig schlagen, dann geriebene Zitronenschale, Zitronensaft, flüssige Butter und Mandeln dazugeben und verrühren. Die Füllung auf den Mürbeteigboden gießen.

BACKZEIT
Die Tarte ca. 30 Minuten bei 150 °C Umluft im vorgeheizten Ofen backen. Nach der Hälfte der Backzeit evtl. mit etwas Alufolie abdecken, damit sie nicht zu dunkel wird. In der Form auskühlen lassen und servieren.

HIMBEERKOMPOTT
Die Himbeeren mit Puderzucker bestreuen und durchziehen lassen (die gefrorenen müssen auftauen). 3–4 Esslöffel der Himbeeren pürieren und dieses Püree mit den restlichen Beeren vermischen.

FERTIGSTELLUNG
Servieren Sie jedes Stück Tarte mit Himbeerkompott und geschlagener Sahne.

ZUTATEN FÜR DEN RÜHRTEIG

200 g dunkle Kuvertüre, 2 EL kaltes Wasser, 100 g Butter, 160 g Zucker, 3 Eier, 2 EL Mehl, Puderzucker zum Bestäuben, Pralinen aus Schokolade oder Marzipan in Form von Eicheln oder Blättern

Herbstlicher Theaterkuchen

ZUBEREITUNG

Zuerst Eigelb und Eiweiß voneinander trennen und die Butter in zwei bis drei Stücke teilen. Die Kuvertüre grob zerbröckeln und bei niedriger Temperatur in einem Simmertopf oder im Wasserbad unter ständigem Rühren langsam schmelzen, dabei die 2 EL Wasser zugeben. Nacheinander zuerst die Butter, dann den Zucker, schließlich das Eigelb einrühren. Danach das Mehl unterrühren. Zum Schluss das Eiweiß steif schlagen. Die Schokoladenmasse vorsichtig unter das Eiweiß heben. Den Boden einer kleinen Springform (22 cm Durchmesser) mit Backpapier auslegen und den Kuchenteig hineinfüllen.

BACKZEIT

Den Kuchen 35–40 Minuten im nicht vorgeheizten Ofen bei 170 °C backen. Auf eine große runde Tortenplatte setzen, mit Puderzucker bestreuen und den Kuchen mit den Pralinen dekorieren.

TIPP: *Besonders gut passen dazu Schlagsahne und Kaffee.*

Herbstlicher Theaterkuchen

Herrencremetorte

ZUTATEN FÜR DEN BODEN

8 Eier, 280 g Margarine, 280 g Zucker, 160 g geriebene Bitterschokolade, 100 g Paniermehl, 300 g gemahlene Mandeln, 2 TL Backpulver, 2 Gläser Sauerkirschen

FÜR DIE FÜLLUNG

1 l Milch, 3 Päckchen Sahnepuddingpulver zum Kochen, 4 cl Rum (40%), 100 g geriebene Bitterschokolade, 200 ml Sahne

Herrencremetorte

ZUBEREITUNG

Eier trennen. Eigelb, Margarine und Zucker schaumig rühren. Alle weiteren Zutaten nach und nach dazugeben und gut verrühren. Zum Schluss das Eiweiß steif schlagen und unter den Teig heben. Den Teig auf ein gefettetes Backblech streichen und die abgetropften Sauerkirschen darauf verteilen; einige für die Dekoration zurückhalten. Bei 175 °C 30–40 Minuten (Umluft) im Backofen backen, ohne Umluft dauert es ca. 5–10 Minuten länger.

CREME

Den Sahnepudding nach Packungsanleitung kochen. Achtung: Für einen Liter Milch drei Tüten Puddingpulver verwenden, so wird die Creme besonders steif. Ist der Pudding erkaltet, wird er mit einem Schneebesen durchgerührt, dann den Rum und die geriebene Bitterschokolade unterrühren. Die Sahne steif schlagen und, bis auf einen kleinen Rest für die Dekoration, ebenfalls unterheben. Die Creme gleichmäßig auf dem erkalteten Boden verteilen.

DEKORATION

Die Torte mit Kirschen und Sahnetupfern verzieren.

Käsekuchen mit Rosinen

ZUTATEN

50 g Butter, 4 Eier,
200 g Zucker,
1 Päckchen Vanillinzucker,
1 Prise Salz, 1250 g Quark,
1 Päckchen Vanillepudding-pulver zum Kochen,
1–2 Handvoll Rosinen,
je nach Geschmack

Käsekuchen mit Rosinen

ZUBEREITUNG

Zuerst Eigelb und Eiweiß voneinander trennen; das Eiweiß im Kühlschrank kalt stellen. Die Butter mit dem Eigelb und einer Prise Salz mit dem Mixer verrühren. Dann Zucker und Vanillinzucker dazugeben und schlagen, bis die Masse schaumig ist. Danach den Quark mit der Masse verrühren. Vorsichtig das Puddingpulver einrieseln lassen und damit vermengen. Das Eiweiß steif schlagen und per Hand unterheben, zum Schluss die Rosinen dazugeben. Die Masse in eine gefettete Springform (26 cm Durchmesser) füllen und die Oberfläche glatt streichen. Den Ofen mit Backpapier auslegen, damit evtl. austretende Flüssigkeit nicht darin anbrennt.

BACKZEIT

Den Ofen auf 140 °C vorheizen. Die Springform in den Ofen stellen und die Temperatur auf 160 °C erhöhen. Den Kuchen ca. 90 Minuten backen. Evtl. gegen Ende der Backzeit die Temperatur etwas niedriger stellen, damit die Oberfläche nicht zu dunkel wird. Sollte der Kuchen, wenn Sie ihn dann aus dem Ofen nehmen, an den Rändern hochgegangen sein, drücken Sie ihn einfach vorsichtig wieder hinunter.

ZUTATEN
FÜR DEN TEIG

2 EL Rosinen,
2–3 EL Himbeergeist,
4 Eiweiß, 4 Eigelb,
50 g Zucker, 2 Msp. Salz,
1 Vanilleschote, 1/2 l Milch,
150 g Mehl, ca. 40 g Butter,
3 EL Mandelblättchen,
2–3 EL Puderzucker

FÜR DAS HIMBEERPÜREE

260 g abgetropfte Himbeeren aus dem Glas,
1 EL Zitronensaft,
1 EL Crema di Limoncino (Zitronenlikör),
2–3 EL Puderzucker

Kaiserschmarren

ZUBEREITUNG

HIMBEERPÜREE

Die Himbeeren mit Zitronensaft und -likör und Puderzucker mit dem Pürierstab pürieren. Die Masse evtl. durch ein Sieb streichen, um die Kerne zu entfernen.

KAISERSCHMARREN

Rosinen im Himbeergeist einweichen. Eiweiß steif schlagen. Eigelb, Zucker und Salz zu einer hellen, cremigen Masse verrühren. Vanilleschote aufschlitzen, das Mark herauskratzen und mit der Milch unter die Eimasse ziehen. Nach und nach erst das Mehl einrühren, dann Rosinen und Einweichflüssigkeit. Danach den Eischnee unterheben. Die Butter in zwei beschichteten Pfannen erhitzen und die Mandeln darin bräunen. Den Teig jeweils etwa einen halben Zentimeter hoch einfüllen und stocken lassen, die Unterseite soll dabei leicht bräunen (nur mittlere Temperatur!). Die Masse einmal wenden und drei Minuten weiterbacken.

FERTIGSTELLUNG

Noch in der Pfanne die Küchlein mit einem Holzlöffel auseinanderreißen und zwei Minuten weiterbacken. Danach mit Puderzucker bestäuben. Kaiserschmarren auf erwärmten Tellern verteilen und einen Klecks Himbeerpüree danebensetzen.

TIPP: *Wer keinen Alkohol nehmen will, weicht die Rosinen in zwei Esslöffeln Wasser ein statt in Himbeergeist und lässt den Zitronenlikör im Püree einfach weg.*

Kaiserschmarren

ZUTATEN
GRUNDREZEPT 1

500 g Kuchenreste (Mürbeteig/Biskuitteig, Löffelbiskuits), 200 g Kokosfett, 200 g dunkle Kuvertüre, 1 EL Rum

ZUTATEN
GRUNDREZEPT 2

500 g Kuchenreste
300 g Doppelrahm-Frischkäse

Konfektmischung

ZUBEREITUNG GRUNDREZEPT 1

Kuchenreste fein zerkrümeln, Kokosfett und 200 g Kuvertüre in einem Topf zusammen erhitzen, bis alles geschmolzen ist. Diese Masse mit den Kuchenkrümeln und dem Rum (je nach Beschaffenheit der Kuchenreste etwas mehr Rum nehmen) gut verrühren. Eine Rolle formen und 1 Stunde kühl stellen. Dann kleine Stücke abschneiden (1–2 cm Durchmesser) und kleine Kugeln formen.

RUMKUGELN

Zusätzliche Zutaten: 100 g Schokostreusel
Grundrezept 1 zubereiten. Dann die Kugeln in Schokostreuseln wälzen, kühl stellen.

ROSINENKUGELN

Zusätzliche Zutaten: 2 EL Rumrosinen, 100 g dunkle Kuvertüre, 50 g weiße Kuvertüre
Zubereitung: Grundrezept 1 zubereiten. Klein geschnittene Rumrosinen unterrühren. Eine Rolle formen, 1 Stunde kühl stellen und anschließend wieder Kugeln formen. Dunkle Kuvertüre schmelzen, die Kugeln darin wälzen, trocknen lassen und anschließend je nach Geschmack zusätzlich mit weißer Kuvertüre (flüssig) verzieren, z. B. mit einigen weißen dünnen Streifen.

Konfektmischung

… Fortsetzung

APRIKOSENKUGELN

Zusätzliche Zutaten: 1 EL klein geschnittene, getrocknete Aprikosen, 100 g gehackte Pistazien

Grundrezept 1 zubereiten. Zusätzlich die Aprikosen unterrühren. Dann verfahren wie oben, die fertigen Kugeln in Pistazien wälzen und kühl stellen.

HASELNUSSKUGELN

Zusätzliche Zutaten: 3 EL geröstete Haselnüsse, 100 g gemahlene Haselnüsse

Grundrezept 1 zubereiten. Zusätzlich 3 EL Haselnüsse unterrühren. Dann wie oben verfahren. Die Kugeln in den gemahlenen Haselnüssen wälzen, kühl stellen.

ZUBEREITUNG GRUNDREZEPT 2

Kuchenreste fein zerbröseln und mit dem Frischkäse gut verrühren.

AMARETTOKUGELN

Zusätzliche Zutaten: 3 EL geröstete Haselnüsse, 100 g Biskuitbrösel, 1 EL Amaretto, 1 cl Weinbrand, 2 EL starker Kaffee oder Espresso (es geht gut mit Instant-Pulver)

Grundrezept 2 zubereiten. Amaretto, Weinbrand, Espresso und die Haselnüsse hinzufügen, gut umrühren und kneten. Je nach Größe des Konfekts lange Rollen mit 1–2 cm Durchmesser herstellen und 1 Stunde kühl stellen. Danach kleine Scheiben abschneiden und Kugeln formen und je nach Geschmack garnieren, z. B. in gemahlenen Biskuitbröseln wälzen.

ZITRONENKUGELN

Zusätzliche Zutaten: 1 Päckchen Götterspeise Zitronengeschmack, 100 g Biskuitbrösel

Grundrezept 2 zubereiten. Die Zitronengötterspeise nach Vorschrift herstellen, dabei aber nur die Hälfte der Flüssigkeit verwenden. Die noch flüssige Götterspeise in den Grundteig rühren und kalt stellen (1–2 Stunden). Dann wieder Rollen formen, in kleine Stücke schneiden und Kugeln herstellen. Je nach Geschmack z. B. in Biskuitbröseln rollen.

ZUTATEN

140 g Semmelbrösel, 60 g (Vollkorn-) Mehl, 200 g brauner Zucker, 200 g Rosinen, 200 g Sultaninen, 150 g Trockenpflaumen, 60 g Früchtemix aus klein gewürfeltem Zitronat, Orangeat, kandierten Kirschen und Melonen,
60 g ganze kandierte Kirschen,
30 g gemahlene Mandeln, 30 g gehackte Mandeln, 1/2 TL gemahlene Muskatnuss, 1/2 TL gemahlener Zimt,
1/2 TL Salz, 100 g Butter, 4 cl irischer Whiskey, 4 Eier, 50 ml Guinness,
1 unbehandelte Zitrone, 1 Apfel

Plumpudding

ZUBEREITUNG

Pflaumen und Kirschen halbieren. Semmelbrösel in eine große Schüssel geben. Darauf Mehl, Gewürze, Mandeln, Früchtemix, Rosinen, Sultaninen und die zerkleinerten Pflaumen und Kirschen verteilen. Die Schale der Zitrone abreiben und ebenfalls dazugeben. Alles gut verrühren. Eier verschlagen, Butter schmelzen und Zitrone auspressen. Guinness, Whiskey und Zitronensaft mit den Eiern verquirlen und unter Rühren die flüssige Butter daruntermischen. Den Apfel entkernen und mit der Schale reiben. Alles zu der Masse in die Schüssel geben und vermengen. Abgedeckt über Nacht durchziehen lassen.

Dann den Teig in eine Schüssel (20 cm Durchmesser) umfüllen, die Schüssel mit einer Lage Backpapier und einer Lage Aluminiumfolie bedecken. Mit einem Band aus hitzebeständigem Material festziehen, sodass die Schüsselöffnung verschlossen ist.

Plumpudding

… Fortsetzung

Wasser in einem großen Topf zum Kochen bringen und die Schüssel so hineinsetzen, dass das Wasser knapp unter ihrer Oberseite endet. Es ist gut, wenn die Schüssel zwei Griffe hat, sodass man sie einfach in den Topf hineinhängen kann. Den Topfdeckel auflegen und die Hitze reduzieren, sodass das Wasser nur knapp siedet. Der Plumpudding muss drei Stunden lang im Wasserbad garen. Danach Backpapier und Alufolie von der Schüssel lösen und den angesammelten Dampf entweichen lassen. Den Pudding (noch heiß) erneut in seiner Schüssel mit Backpapier und Alufolie verschließen und an einen kühlen Ort stellen.

Der Plumpudding soll drei bis acht Wochen durchziehen. Bevor Sie ihn servieren, müssen Sie ihn erwärmen: Am besten schneiden Sie ihn in Scheiben, halbieren jede Scheibe und braten sie von beiden Seiten in heißer Butter an, bis sie etwas knusprig von außen ist. Servieren Sie die Scheiben heiß, entweder mit geschlagener ungesüßter Sahne oder beträufelt mit etwas Sherry oder Whiskey.

Printenauflauf
mit Apfel-Zimtschaum

ZUTATEN FÜR DEN PRINTEN-AUFLAUF
50 g weiche Butter, 3 Eigelb, 25 g Puderzucker, 25 g Bitterschokolade, 6 Eiweiß, 30 g Zucker, 50 g gemahlene Mandeln,3 g (1/4 TL) Printen- oder Lebkuchengewürz, 25 g zerlassene Butter

FÜR DEN APFEL-ZIMTSCHAUM
1/4 l Apfelsaft, 3 Eigelb, ca. 1/4 TL gemahlener Zimt

ZUBEREITUNG

PRINTENAUFLAUF
Die Butter glatt rühren. Eigelb und Puderzucker cremig schlagen und mit der Butter verrühren. Bitterschokolade in Stücke hacken und vorsichtig schmelzen. Die geschmolzene, etwas abgekühlte Schokolade unter die Masse ziehen. Das Eiweiß steif schlagen, dabei den Zucker einrieseln lassen. Diesen Eischnee mit Mandeln und Printengewürz unter die übrige Masse heben. Fünf hitzebeständige Portionsförmchen (ersatzweise Steinguttassen) mit zerlassener Butter auspinseln und die Masse bis zum Rand einfüllen.

BACKZEIT
Den Ofen auf 220 °C Ober- und Unterhitze vorheizen. Eine große Auflaufform halbhoch mit Wasser füllen und auf die unterste Schiene in den Backofen stellen (oder eine Fettpfanne statt einer Auflaufform benutzen) und mit erhitzen. Dann die Förmchen ins Wasserbad stellen und etwa 15 Minuten backen. Die Aufläufe vergrößern sich dabei etwa um ein Drittel. Sie sind gar, wenn bei einem Probeanstich mit einem Holzstäbchen nichts hängenbleibt.

APFEL-ZIMTSCHAUM
Apfelsaft mit Eigelb und gemahlenem Zimt im Wasserbad zu einer dicklich-schaumigen Masse aufschlagen.

FERTIGSTELLUNG
Die Printenaufläufe auf flache Teller stürzen, mit Apfel-Zimtschaum umgießen und mit gemahlenem Zimt bestäuben.

***TIPP:** Dazu passt halbsteif geschlagene Sahne und Vanilleeis.*

Printenauflauf
mit Apfel-Zimtschaum

ZUTATEN FÜR DEN TEIG

4 Eier, 125 g Zucker,
4 EL heißes Wasser,
125 g Mehl,
1/2 TL Backpulver

FÜR DIE FÜLLUNG

1 Glas Sauerkirschen,
(680 g Füllgewicht),
1 Päckchen Vanillepudding-
pulver zum Kochen,
2 Päckchen Vanillezucker,
250 ml geschlagene Sahne,
4 EL Puderzucker

Prinzessinnenrolle

ZUBEREITUNG

TEIG

Eiweiß und Eigelb trennen. Eiweiß mit 25 g Zucker und einem EL heißem Wasser steif schlagen. Eigelb mit dem restlichen Zucker und Wasser zu einer cremigen Masse schlagen. Den Eischnee vorsichtig darunterziehen. Mehl und Backpulver darübersieben und unterheben. Den Teig auf einem mit Backpapier ausgelegten Backblech verstreichen.

BACKZEIT

Im vorgeheizten Ofen bei 180 °C Ober- und Unterhitze etwa 13 Minuten goldgelb backen. Zum Stürzen ein Küchentuch über den heißen Biskuit breiten. Das Tuch am Backblech festhalten und den Biskuit auf das Tuch stürzen. Backblech abnehmen und Backpapier abziehen.

FERTIGSTELLUNG

Noch heiß den Teig von der schmalen Seite her mit dem Tuch aufrollen (es soll eher eine dicke als eine lange Rolle entstehen) und im Tuch erkalten lassen. Für die Füllung Sauerkirschen mit Vanillepuddingpulver und einem Päckchen Vanillezucker aufkochen und abkühlen lassen. Wenn Boden und Kirschen erkaltet sind, die Sahne mit dem restlichen Vanillezucker steif schlagen. Den Biskuit vorsichtig entrollen und darauf die Kirschmasse verteilen. Mit Sahne bestreichen, den Boden wieder vorsichtig aufrollen und mit Puderzucker bestreuen.

Prinzessinnenrolle

ZUTATEN
FÜR DEN BODEN
250 g Mehl, 125 g Butter,
90 g Zucker, 1 Ei (Größe M),
1 Prise Salz

FÜR DIE FÜLLUNG
1 Dose Aprikosenhälften
(Abtropfgewicht 480 g),
500 g Magerquark,
100 g Zucker,
1 Päckchen Vanillezucker,
1 Prise Salz, 200 g Sahne,
4 Eier (Größe M)

Quarktarte mit Aprikosen

ZUBEREITUNG

BODEN
Alle Zutaten für den Boden zu einem glatten Teig verkneten. Den Teig zu einer Kugel formen und 30 Minuten kalt stellen.

FÜLLUNG
Aprikosen abtropfen lassen. Den Quark abtropfen lassen und auf ein stabiles Trockentuch setzen. Das Tuch immer weiter zudrehen, sodass etwa 100 ml Flüssigkeit aus dem Quark herausgedrückt werden (Alternative: den Quark 24 Stunden vor dem Backen auf einem Sieb abtropfen lassen). Dann den Quark mit Zucker, Vanillezucker, Salz, Sahne und Eiern ganz glatt rühren.

FERTIGSTELLUNG
Eine Arbeitsfläche bemehlen und den Teig dünn darauf ausrollen. Eine Springform (26 cm Durchmesser) fetten und mit dem Teig bis über den Rand auslegen. Gerissene Stellen einfach wieder zusammenflicken. Den Teig fest in die Form drücken, überhängende Stücke abschneiden und die Füllung in die Form gießen. Die Aprikosenhälften mit der Wölbung nach oben darauf verteilen (am Rand anfangen).

BACKZEIT
Die Tarte im vorgeheizten Ofen bei 200 °C Ober- und Unterhitze etwa 45 Minuten backen und gut 2 Stunden auskühlen lassen.

TIPP: *Legen Sie im Ofen Alufolie unter die Springform, für den Fall, dass die Füllung überläuft.*

Quarktarte mit Aprikosen

ZUTATEN FÜR DIE ROTWEIN-PFLAUMENSAUCE

75 g brauner Zucker,
500 ml Rotwein,
300 g Pflaumen,
1–2 TL Speisestärke

FÜR DIE TÖRTCHEN

250 g Speisequark (Magerstufe), 125 g Joghurt, 4–5 Eier, je nach Größe, 100 g Zucker, 50 g Mehl, abgeriebene Schale einer kleinen Zitrone, 1 Prise Salz, 2–3 TL Backpulver, Vanillearoma (Pulver oder flüssig), Butter zum Einfetten der Förmchen, 50 g brauner Zucker

Quarktörtchen mit Rotwein-Pflaumensauce

ZUBEREITUNG

SAUCE

Den braunen Zucker im Topf vorsichtig bei mittlerer Hitze karamellisieren. Die entkernten und klein geschnittenen Pflaumen dazugeben. Mit Rotwein ablöschen und 25–30 Minuten vorsichtig einköcheln lassen, gelegentlich umrühren und zum Schluss mit Speisestärke abbinden. Kalt oder warm verwenden, je nach Geschmack.

TÖRTCHEN

Quark und Joghurt mit einer Prise Salz in eine Schüssel geben, Eier trennen, Eigelb zur Quark-Joghurt-Masse geben, Zitronenschale vorsichtig abreiben und zusammen mit dem Vanillearoma hinzufügen, die Masse abschmecken. Anschließend Mehl und Backpulver dazugeben und unterrühren; Eiweiß steif schlagen und vorsichtig unterheben.

Kleine Auflauf- oder Puddingförmchen ausfetten und mit braunem Zucker ausstreuen, zu drei Vierteln mit Teig füllen und 30 Minuten bei 180 °C im Umluftherd backen. Die Törtchen sollte man stets im Auge behalten, damit sie nicht zu braun werden.

Quarktörtchen
mit Rotwein-Pflaumensauce

FÜR DEN KUCHEN

9 EL Mehl, 9 EL Zucker, 9 EL Öl (möglichst ein geschmacksneutrales Pflanzenöl), 5 Eier, 1 Päckchen Backpulver, etwas abgeriebene Zitronenschale, 2–3 EL Ananassaft, 1 Dose Ananasstücke (340 g), 150 g bittere Orangenmarmelade, 1 fertige Marzipandecke (Durchmesser ca. 35 cm), 150 g Blockschokolade oder bittere Kuvertüre

FÜR DIE MARZIPANROSEN

300 g Rohmarzipan, 1 Tube rote und 1 Tube grüne Lebensmittelfarbe, 50–100 g Puderzucker, 2 cl Obstler

Rosentorte

ZUBEREITUNG

Ananasstücke in ein Sieb geben, abtropfen lassen und die Stücke nochmals teilen. Mit etwas Mehl bestäuben und zur Seite stellen. Das Eigelb mit Zucker schaumig rühren, dann Mehl und Öl nach und nach unterrühren, die Zitronenschale dazugeben. Zum Schluss den steif geschlagenen Eischnee und die Ananasstücke unterheben und in eine Springform (26 cm Durchmesser) geben, bei 180 °C 30–35 Minuten im Umluftherd backen. Auskühlen lassen und mit Orangenmarmelade bestreichen, danach mit der Marzipandecke beziehen. Für die Marzipanrosen und -blätter die Marzipanrohmasse mit Obstler und je nach Geschmack mit Puderzucker gut durchkneten. 200 g Marzipan mit roter Farbe und 100 g mit grüner Farbe einfärben. Das Marzipan jeweils zu einer Rolle formen und dünne Scheiben abschneiden. Mit Folie abdecken und mit einer Teigrolle ausrollen, bis dünne Blätter entstehen, mit einem Messerrücken einritzen. Die Blätter auf einem Nudelholz trocknen lassen. Jetzt die roten Rosen zusammensetzen: Einen dicken roten Marzipantropfen formen, in die Hand nehmen und Blatt für Blatt darumlegen, bis sich eine Blütenrosette ergibt. Sechs bis acht Blätter ergeben eine Rosenblüte. In die grünen ausgerollten Blätter ein Rippenmuster einritzen und aus den Resten lange Fäden rollen. Aus ihnen werden Zweige. Die Blockschokolade schmelzen und die Marzipandecke damit bestreichen, dabei soll die Kuvertüre an den Rändern hinunterlaufen. Wenn die Kuvertüre noch nicht ganz trocken ist, die Torte je nach Geschmack mit Zweigen, Rosen und grünen Blättern verzieren.

Rosentorte

Sahneringe mit Mandarinen

ZUTATEN
FÜR DEN TEIG

1/8 l Wasser, 25 g Butter oder Margarine, 75 g Weizenmehl, 20 g Speisestärke (2 schwach gehäufte EL), 2–3 Eier, 1/2 gestr. TL Backpulver

FÜR DIE FÜLLUNG

1 kleine Dose Mandarinen (Einwaage ca. 175 g), 1/4 l Sahne, 25 g Zucker (1 gut gehäufter EL), 1 Päckchen Sahnesteif, 1 Päckchen Vanillinzucker, etwas Puderzucker

Sahneringe mit Mandarinen

ZUBEREITUNG

Wasser und Fett in einem Topf zum Kochen bringen. Den Topf von der Kochstelle nehmen, das mit Speisestärke gemischte und gesiebte Mehl hineinschütten, es zu einem glatten Kloß rühren und diesen unter Rühren etwa eine Minute erhitzen. Den heißen Kloß sofort in eine Schüssel geben und nach und nach die Eier darunterrühren. Danach das Backpulver in den erkalteten Teig geben. Den Teig (mit der weiten Tülle) in Form von Ringen (etwa 7 cm Durchmesser) auf ein gefettetes, mit Mehl bestäubtes Backblech spritzen. 25–30 Minuten bei 180–200 °C backen. Während der ersten 15 Minuten Backzeit nicht in den Ofen sehen, da das Gebäck sonst zusammenfällt. Die Ringe gleich nach dem Backen aufschneiden. Für die Füllung die Mandarinen zum Abtropfen auf ein Sieb geben und den Saft auffangen. Die gekühlte Sahne in einer kalten Schüssel etwa eine halbe Minute schlagen, dann den mit Sahnesteif und Vanillinzucker gemischten Zucker unter ständigem Schlagen einstreuen, die Sahne steif schlagen und zum Schluss 3 Esslöffel Mandarinensaft unterheben. Die Unterteile der Ringe mit etwas Schlagsahne bespritzen, die Mandarinenstückchen darauf verteilen, die restliche Schlagsahne darüberspritzen und die Oberteile der Ringe daraufsetzen. Die Sahneringe leicht mit Puderzucker bestäuben.

TIPP: *Nach Belieben die Sahne noch mit Eierlikör beträufeln.*

ZUTATEN

FÜR DEN TEIG

6 Eier, 6 EL Zucker, 6 EL Mehl

FÜR DIE SCHOKOLADEN-CREME

250 g Butter, 1/2 Tafel Schokolade (Zartbitter oder Vollmilch), 200–250 g Puderzucker, 4 cl Rum (Strohrum, 80 %), 25–50 g gehackte Nüsse oder gemahlene Mandeln

FÜR DIE DEKORATION

abgeriebene Schale einer frischen Zitrone

Schokoladen-Biskuitrolle

ZUBEREITUNG

Die Eier schaumig schlagen, nach und nach den Zucker dazugeben und schließlich das Mehl unterrühren. Ein Backblech einfetten, mit Mehl bestreuen und mit der Biskuitmasse bestreichen. Bei 180 °C ca. 10 Minuten backen (Umluft: 150 °C) und etwas abkühlen lassen.

Für die Creme Butter weich werden lassen und mit Puderzucker verrühren. Die Schokolade schmelzen (im Wasserbad oder in der Mikrowelle) und langsam unterrühren. Den Rum hinzugeben und anschließend noch Nüsse oder Mandeln unterheben. Wer keinen Rum mag, kann auch Weinbrand nehmen. Den Biskuitboden vom Backblech auf ein Küchenhandtuch stürzen, drei Viertel der Schokoladenmasse darauf verteilen und vorsichtig aufrollen. Es klappt am besten, wenn der Boden noch warm ist. Zum Schluss die Biskuitrolle von außen mit der restlichen Creme bestreichen und mit geriebener Zitronenschale bestreuen.

Schokoladen-Biskuitrolle

Sommerlicher Obstkorb

ZUTATEN FÜR DEN „KORB" AUS BAISERMASSE

3 Eiweiß, 150 g Zucker, 125 g gemahlene Mandeln, 50 g Speisestärke, 1/2 Fläschchen Bittermandelaroma, 25 g Mandelblätter

FÜR DIE FÜLLUNG

100 g Löffelbiskuits, 2 EL Madeira oder Sherry, 150 ml Schlagsahne, 375 g gemischte Beeren, frisch oder gefroren (z. B. Kirschen, Himbeeren, rote Johannisbeeren, Blaubeeren, wilde Erdbeeren), 450 ml gekochter Vanillepudding

FÜR DIE VERZIERUNG

1 m (5 mm breit) Satinband und Alufolie (quadratisch, Kantenlänge 18 cm)

Sommerlicher Obstkorb

ZUBEREITUNG

Zwei Bögen Backpapier in Backblechgröße abreißen. Auf jeden Bogen je zwei Kreise mit 18 cm Durchmesser zeichnen, die Bögen umdrehen und mit der gezeichneten Seite nach unten auf zwei Backbleche legen. Den Backofen auf 160 °C vorheizen. Die Eiweiße steif schlagen und zum Schluss den Zucker langsam einrieseln lassen. Gemahlene Mandeln, Speisestärke und Bittermandelaroma vermischen und vorsichtig unter das Eiweiß heben. Drei Viertel der Eiweißmasse in einen Spritzbeutel mit glatter 1-cm-Tülle füllen. Auf dem Backpapier einen Kreis auf jede vorgezeichnete Linie spritzen. Den vierten Kreis ganz ausfüllen (das wird der Boden). Die Baisers ca. 30 Minuten backen, dabei aufpassen, dass sie nicht zu dunkel werden.

Nach dem Backen die Ringe vom Backpapier entfernen und sofort mit der restlichen Baisermasse Tupfer auf den Rand des Bodens setzen und den ersten Ring daraufsetzen.
Mit den anderen Ringen genauso verfahren. Zum Schluss die Außenseite des „Korbs" mit Baisermasse bestreichen und die Mandelblätter daran kleben. Das Ganze noch einmal ca. 30 Minuten bei 160 °C backen. Auf dem Backpapier auf einem Rost abkühlen lassen.

… Fortsetzung

In der Zwischenzeit die Löffelbiskuits in kleine Stücke brechen und mit Madeira tränken. Die Sahne steif schlagen und davon 2 EL für die Dekoration zur Seite stellen. Die Hälfte der Beeren unter die Sahne heben. Wichtig: Wenn Sie gefrorene Beeren nehmen, lassen Sie sie vorher ganz auftauen und abtropfen. Sie können zum Schluss auch frische Beeren unter die gefrorenen mischen.

Wenn der Baiserkorb abgekühlt ist, vorsichtig das Backpapier abziehen und die Löffelbiskuits einfüllen, darauf den Vanillepudding, dann die Beerensahne geben und darauf die restlichen Beeren legen. Mit einer Spritztülle kleine Sahnetupfer auf den Korbrand und zwischen die Beeren setzen.

Für die Verzierung die Alufolie so lange falten, bis ein schmales Band entsteht. Dann das Alufolieband etwas rund biegen (wie einen Griff). Das eine Ende des Satinbandes an einem Ende der Folie befestigen, indem sie die Folie knicken und das Band darin festklemmen.
Nun das Satinband schräg um die Folie wickeln, den Rest abschneiden. Das restliche Band in zwei gleiche Teile zerschneiden und jeweils eine Schlaufe formen und an jedem Griffende eine Schleife befestigen. Den Griff auf den Obstkorb setzen.

Stollenkonfekt

ZUTATEN

500 g Mehl, 40 g Zucker, 1 Prise Salz,
1 TL Stollen- oder Lebkuchengewürz,
1 Würfel Hefe, 130 ml warme Milch,
200 g Butter (Zimmertemperatur),
125 g Puderzucker, 50 g Marzipan,
400 g Rosinen, 100 g Zitronat,
50 g Orangeat, 60 g gehackte Mandeln, 50 ml Rum, 500 g Butter
2 Pakete Puderzucker

Stollenkonfekt

ZUBEREITUNG

Rosinen, Zitronat, Orangeat und Mandeln in Rum einlegen und durchziehen lassen.

STOLLENTEIG

Mehl, Salz, Zucker und Gewürz in einer Schüssel vermischen und eine Vertiefung in die Mitte drücken. Die warme Milch hineingießen und die Hefe hineinkrümeln. Milch und Hefe leicht vermischen und 15 Minuten gehen lassen. Die weiche Butter mit Puderzucker und Marzipan schaumig rühren. Den Vorteig erst mit der Mehlmischung verkneten, dann Marzipanmasse und Rummischung untermengen. Diesen Teig ca. 30 Minuten gehen lassen, dann auf einer bemehlten Unterlage fingerdick ausrollen und in Quadrate von 2 cm Kantenlänge schneiden. Das Konfekt auf 3 mit Backpapier ausgelegte Backbleche legen, zwischen den Stücken immer 2 cm Platz lassen. Die Bleche mit einem Küchentuch bedecken und etwa 10 Minuten gehen lassen.

BACKZEIT

Im vorgeheizten Ofen etwa 15 bis 20 Minuten bei 200 °C Ober- und Unterhitze backen.

FERTIGSTELLUNG

Butter schmelzen und die heißen Konfektstücke darin wenden, dann in Puderzucker wälzen, bis sie ganz bedeckt sind. Auf mit Backpapier ausgelegten Kuchengittern abkühlen lassen. Dann das Stollenkonfekt in luftdichten Behältern verschließen und mindestens 2 Wochen durchziehen lassen.

Tiramisu

ZUTATEN

150–200 g Löffelbiskuits,
2–4 cl Campari,
2–4 cl Brandy,
4 kleine Tassen Espresso,
4 Eier, 150 g Zucker,
500 g Mascarpone,
1 unbehandelte Zitrone,
50–100 g Kakaopulver

Tiramisu

ZUBEREITUNG

Eine Schicht Löffelbiskuits in eine eckige Auflauf- oder Glasform legen, mit dem Alkohol und dem Espresso beträufeln und ziehen lassen.

In der Zwischenzeit die Eier trennen. Das Eigelb mit dem Zucker schaumig schlagen, den Mascarpone dazugeben und umrühren. Die Zitrone abwaschen und die Mascarpone-Creme mit der abgeriebenen Schale abschmecken.

Jetzt das Eiweiß steif schlagen und zum Schluss vorsichtig unter die Creme heben. Sie wird dann vorsichtig über die Löffelbiskuits gestrichen und mit Kakakopulver bestäubt (Menge je nach Geschmack).

FERTIGSTELLUNG

Das Tiramisu sofort in den Kühlschrank stellen und mindestens 3 bis 4 Stunden kühlen.

Ungebackene Johannisbeertorte

ZUTATEN

500 g Sahnequark, 1/8 l Milch, 150 g Zucker,
2 Päckchen Vanillinzucker, 2 cl Rum,
1 Päckchen gemahlene weiße Gelatine,
300 g gewaschene rote Johannisbeeren ohne Rispen, 50 g Cornflakes, 1/8 l Sahne,
40 g Löffelbiskuits, 100–150 g Krokant,
1 Handvoll rote Johannisbeeren an den Rispen

Ungebackene Johannisbeertorte

ZUBEREITUNG

Den Quark mit etwas Milch glatt rühren. Je nach Beschaffenheit des Quarks mehr oder weniger Milch nehmen, die Masse soll glatt, aber nicht flüssig sein. Dann Zucker, Vanillinzucker und Rum unterrühren. Die Gelatine nach Packungsanleitung einweichen und auflösen.
1–2 EL von der Quarkmasse unter die Gelatine mischen, um sie abzukühlen. Dann die Gelatine unter den Quark rühren. Danach die gewaschenen Johannisbeeren unterheben, dann die Cornflakes. Die Sahne steif schlagen und ein Drittel davon unter die Quarkmasse ziehen.

Eine Kastenform (28 cm Länge) einfetten und mit den Löffelbiskuits Seiten und Boden auskleiden. Die Creme einfüllen und für mindestens 90 Minuten in den Kühlschrank stellen. Danach die oberste Schicht in der Form mit Löffelbiskuits auslegen. Wenn die Biskuits von der Seitenverkleidung zu hoch überstehen, etwas kürzer schneiden. Sie sollen mit der obersten Löffelbiskuitschicht abschließen.

Nun eine Tortenplatte auf die Kastenform legen und die Torte stürzen. Seiten mit Sahne und Krokant verzieren. Oben auf die Torte Sahne spritzen und mit den Johannisbeeren, die noch an den Rispen hängen, dekorieren.

Weihnachtliche Türmchen

ZUTATEN FÜR DEN TEIG

5 Eier, 180 g Zucker,
65 g Mehl, 65 g Speisestärke,
2 EL warmes Wasser,
knapp 1/2 TL Backpulver,
1 Prise Salz, 1 EL Rum

FÜR DEN BELAG

4 gehäufte EL gemahlene Haselnüsse, 2–3 gehäufte EL Mandelblättchen, 2 EL Butter,
125 g Marzipanrohmasse,
4 EL Himbeerkonfitüre (nach Geschmack etwas mehr),
400 ml Schlagsahne,
2 Päckchen Vanillezucker,
2 Päckchen Sahnesteif,
weihnachtliche Süßigkeiten (z. B. Marzipankartoffeln),
1/2 Packung Puderzucker,
frische Zitronenmelisse

Weihnachtliche Türmchen

ZUBEREITUNG BISKUITTEIG

Die Eier mit dem warmen Wasser schaumig schlagen, den Zucker zugeben und zu einer cremigen Masse rühren. Mehl, Speisestärke und Backpulver mischen und darübersieben. Vorsichtig unterheben, zum Schluss Salz und Rum untermischen. Den Boden einer Springform (26 cm Durchmesser) mit Backpapier auslegen und den Teig hineingießen.

BACKZEIT

Den Teig im vorgeheizten Ofen bei 175 °C Umluft 30–40 Minuten backen. Biskuit aus der Form lösen, auf einem Kuchengitter auskühlen lassen, danach einmal waagerecht durchschneiden.

FÜLLUNG

Gemahlene Nüsse und Mandelblättchen getrennt in der Pfanne mit jeweils einem EL Butter anrösten und erkalten lassen. Aus beiden Biskuithälften mit einem Glas (ca. 7 cm Durchmesser) jeweils sieben Kreise ausstechen. Die 14 Biskuitkreise auf je einer Seite mit Konfitüre bestreichen. Die Marzipanrohmasse zwischen zwei Lagen Folie legen und mit einem Nudelholz ausrollen. Sieben Marzipankreise ausstechen und auf die Biskuitkreise legen. Die restlichen Biskuitkreise daraufsetzen.

FERTIGSTELLUNG

Die Sahne mit Sahnesteif und Vanillezucker steif schlagen und die gemahlenen Haselnüsse darunterheben. Mit einem Spritzbeutel die Sahne auf die Türmchen setzen, mit gerösteten Mandelblättchen bestreuen und eine Süßigkeit daraufsetzen. Mit Puderzucker bestäuben und mit Zitronenmelisse-Blättchen dekorieren.

Weiße Schokoladentorte

ZUTATEN

FÜR DEN MANDELBISKUIT
7 Eier, 1 Prise Salz, 300 g Zucker, 250 g gemahlene Mandeln, 1 1/2 EL Speisestärke

FÜR DIE FÜLLUNG
200 g weiße Schokolade von guter Qualität, 200 g Crème fraîche, 550 ml Sahne, 4 EL Preiselbeeren aus dem Glas, 1 EL Himbeergeist

FÜR DIE KANDIERTEN ROSENBLÜTEN
3 unbehandelte Rosenblüten, 1 Eiweiß, 2 EL Wasser, 5 EL feinkörniger Zucker (ersatzweise Marzipanrosen oder Zuckerrosen vom Konditor)

Weiße Schokoladentorte

ZUBEREITUNG

MANDELBISKUIT
Eier trennen, Eiweiß mit dem Salz steif schlagen, Zucker und Eigelb darunterziehen. Gemahlene Mandeln mit Speisestärke mischen und unter die Eimasse heben. Den Boden einer Springform (26 cm Durchmesser) mit Backpapier auslegen und den Teig in die Form gießen.

BACKZEIT
Den Biskuit bei 175 °C Ober- und Unterhitze im vorgeheizten Ofen etwa 40 Minuten backen, anschließend aus der Form lösen und auf einem Kuchengitter auskühlen lassen.

… Fortsetzung

FÜLLUNG

Für die weiße Schokoladencreme die Schokolade in Stücke brechen, mit der Crème fraîche in einem Topf vorsichtig erhitzen und glatt rühren. Abkühlen lassen.
Den Mandelbiskuit einmal waagerecht durchschneiden. Preiselbeeren und Himbeergeist vermischen, den unteren Boden damit bestreichen und die obere Hälfte des Biskuits daraufsetzen. Sahne steif schlagen und mit einem Schneebesen die Schokoladencreme löffelweise unterziehen. Einen Tortenring um den Biskuit spannen und zwei Drittel der Sahne darauf verteilen, dabei sollen kleine Berge und Täler entstehen, keine glatte Oberfläche. Den Ring abnehmen und die Seiten dick einstreichen. Die Torte für 2 Stunden in den Kühlschrank stellen.

ROSEN KANDIEREN

Für die kandierten Rosen Eiweiß mit Wasser verschlagen. Den Zucker auf einen Teller geben. Von zwei der Rosenblüten die Blätter abzupfen, die schönste Blüte ganz lassen. Mit einem Backpinsel die Rosenblüte gründlich innen und außen mit dem Eiweiß bepinseln. Dann die Blüte erst in Zucker wälzen, dann zusätzlich mit Zucker bestreuen. Die Blüte zum Trocknen in ein kleines Glas setzen, damit sie ihre Form behält. Die einzelnen Blätter von beiden Seiten erst mit Eiweiß, dann mit Zucker überziehen und auf einem Teller trocknen lassen. Die Torte erst kurz vor dem Servieren mit Blüte und Blättern dekorieren.

TIPP: *Den Biskuit kann man einen Tag im Voraus zubereiten. Die Rosen sollten einige Stunden durchtrocknen.*

ZUTATEN
FÜR DEN BRANDTEIG

125 ml Wasser, 50 g Butter,
1 Prise Salz, 1 gestr. EL Zucker,
125 g Mehl, 4 Eier

FÜR FÜLLUNG 1 (1 Portion)

1 Kugel Vanilleeis, 1 Kugel Haselnusseis, 125 ml geschlagene Sahne, 1 TL Walnusshälften, 1 TL Haselnüsse, 1 TL gestiftete Mandeln, 1 TL Mandelblättchen, 1 EL Schokoladensauce, ca. 3 EL Eierlikör, evtl. etwas Puderzucker oder „süßer Schnee“

FÜR FÜLLUNG 2

(1 Portion)
1 Kugel Erdbeereis,
1 Kugel Vanilleeis,
ca. 150 g Erdbeeren,
1 TL Zucker,
Saft von 1/4 Zitrone,
2 EL gehobelte Mandeln,
125 ml geschlagene Sahne

FÜR FÜLLUNG 3

(1 Portion)
1 Kugel Pflaumeneis,
1 Kugel Vanilleeis,
125 ml geschlagene Sahne,
2 EL gehobelte Mandeln,
200–250 g frische Pflaumen,
125 ml Rotwein, 1 Stange Zimt,
75 g brauner Zucker,
1/2 Päckchen roter Tortenguss

Windbeutel

ZUBEREITUNG

BRANDTEIG

Wasser, Butter, Salz und Zucker in einem Topf zum Kochen bringen. Mehl auf einmal hineingeben und die Hitze reduzieren. Mit einem Holzlöffel so lange rühren, bis sich alles verbunden hat und der Teig sich leicht vom Topfboden löst. Den Topf vom Herd nehmen und ein Ei gut mit dem Teig verrühren. Auch die anderen Eier einzeln in den Teig einarbeiten. Ein Backblech mit Backpapier auslegen und sechs leere, ausgewaschene große Konservendosen bereitstellen. Mit einem Spritzbeutel sechs Teigportionen auf das Backpapier setzen und über jede Portion eine Konservendose stülpen. Die Dosen verhindern, dass der Teig in die Breite zerfließt.

Windbeutel

... Fortsetzung

BACKZEIT

Die Windbeutel im vorgeheizten Ofen bei 200 °C Ober- und Unterhitze eine Stunde backen. Währenddessen nicht den Herd öffnen, um nachzuschauen, da die Windbeutel sonst zusammenfallen. Danach die Windbeutel ohne die Dosen abkühlen lassen und dann waagerecht halbieren.

FÜLLUNG 1

Haselnüsse und Mandeln in einer Pfanne anrösten und abkühlen lassen. Den Windbeutel auf einem großen Teller mit Vanille- und Haselnusseis und Sahne füllen. Einen Klecks Sahne daraufgeben und eine Walnusshälfte hineindrücken. Einen Eierlikörspiegel um den Windbeutel gießen, die Nüsse und Mandeln darauf verteilen. Mit der Schokosauce ein Muster darüberziehen und mit Puderzucker und den gerösteten gehobelten Mandeln bestreuen.

FÜLLUNG 2

Große Erdbeeren halbieren und mit Zucker und Zitronensaft eine halbe Stunde marinieren. Den Windbeutel mit Eis und Sahne füllen, die Erdbeeren drumherum verteilen und mit gerösteten Mandeln bestreuen.

FÜLLUNG 3

Rotwein mit Zimt und Zucker aufkochen, den nach Packungsanleitung angerührten Tortenguss eingießen, aufkochen lassen und die Pflaumen unterziehen. Zehn Minuten köcheln und abkühlen lassen. Die Windbeutel mit Eis und Sahne füllen, die Rotweinpflaumen drumherum verteilen und mit gerösteten gehobelten Mandeln bestreuen.

Zitronen-Limetten-Torte

ZUTATEN
FÜR DEN BODEN
250 g Löffelbiskuits,
130 g Butter

FÜR DIE FÜLLUNG
1/2 l Wasser, 50 g Zucker,
2 Päckchen Götterspeise Zitrone,
600 g Schlagsahne, 8 Blättchen Zitronenmelisse, 500 g Speisequark (40 % Fett), 8 EL frisch gepresster Zitronensaft, 150 g Zucker,
2 Päckchen Vanillinzucker

FÜR DIE DEKORATION
200 g Schlagsahne,
1 Limette,
2 EL gehackte Pistazien

Zitronen-Limetten-Torte

ZUBEREITUNG
Nach Packungsanleitung die Götterspeise mit 50 g Zucker zubereiten. Dabei die Mischung nicht aufkochen lassen, nur erhitzen. Für den Boden die Löffelbiskuits zerbröseln:
Die Biskuits in kleinen Mengen in eine Plastiktüte geben, mit dem Nudelholz erst grob zerkleinern, sodass feine Brösel entstehen. Die Butter flüssig werden lassen, zu den Bröseln gießen und alles miteinander vermischen. Einen Springformrand (28 cm Durchmesser) auf eine Servierplatte setzen, die Butterbrösel hineingeben und fest an den Boden drücken.
Die Schlagsahne steif schlagen und die Zitronenmelisseblättchen fein hacken. Für die Füllung den Quark etwas glatt rühren, dann die noch flüssige, aber etwas abgekühlte Götterspeise, den Zitronensaft, 150 g Zucker und Vanillezucker dazugeben und alles gut verrühren, sodass keine Klümpchen zurückbleiben. Die geschlagene Sahne und die Zitronenmelisseblättchen unterziehen und die noch flüssige Quarkmasse in die Springform gießen. Die Torte für etwa zwei Stunden im Kühlschrank kalt stellen. Vor dem Servieren auf jedes Tortenstück einen Sahnetupfer setzen und vorsichtig eine Limettenscheibe darandrücken. Die gehackten Pistazien darüberstreuen.

Zuccotto

ZUTATEN FÜR DEN BISKUITBODEN

8 Eier, 180 g Puderzucker,
80 g Speisestärke,
2 Päckchen Vanillezucker,
80 g Mehl

FÜR DIE FÜLLUNG

200 g Zartbitter-Blockschokolade, 700 ml Sahne, 50 g gehackte Mandeln, 50 g gehackte Haselnüsse, 300 g Mascarpone, 4 cl Amaretto, 50 g geschälte und gehackte Pistazien, Pistazien, Puderzucker und Kakao zum Bestäuben

DEKORATION

Mokkabohnen, Mandelsplitter, Pistazien

ZUBEREITUNG

In einer Schüssel Eigelb, Puder- und Vanillezucker zu einer schaumigen Creme rühren. Stärke, Mehl und Eischnee vorsichtig unter die Eigelbcreme heben. Die Teigmasse gleichmäßig auf zwei Backblechen mit Backpapier darauf verteilen und bei 180 °C ca. 15–20 Minuten backen. Nach Abkühlung die Backbleche auf eine Arbeitsfläche stürzen, zwei Kreise ausstechen: einen mit einem Durchmesser von ca. 30 cm und den zweiten mit ca. 26 cm. Bei dem größeren Kreis werden an zwei sich gegenüberliegenden Seiten kleine Dreiecke ausgeschnitten, damit er gut in die Kuppelform (ca. 26 cm) passt. Amaretto mit einem Pinsel auf dem Boden in der Kuppelform streichen und einziehen lassen. Für die Füllung die Blockschokolade raspeln und mit 100 ml Sahne im Wasserbad schmelzen. Die gehackten Mandeln und Haselnüsse ohne Fett bei schwacher Hitze in einer beschichteten Pfanne goldbraun rösten. 25 g Pistazien und die Hälfte der Mandeln und Nüsse unter die geschmolzene Schokolade rühren. 600 ml Sahne steif schlagen. Die Hälfte unter die abgekühlte Schokolade heben. Mascarpone, die restliche geschlagene Sahne, den Rest der gerösteten Nüsse und 25 g Pistazien miteinander verrühren. Diese helle Füllung in die mit Biskuitboden ausgelegte Kuppelform geben und für ca. 20 Minuten ins Gefrierfach stellen, bis sie anfängt, steif zu werden. Dann die Schokosahne einfüllen und den zweiten Biskuitkreis als Deckel darauflegen. Das Ganze in den Kühlschrank stellen. Zuccotto stürzen, mit Puderzucker und Kakao verzieren. Dekorieren nach Geschmack.

TIPP: *Als Variation kann man zusätzlich kandierte Früchte unter die Füllung heben.*

Zuccotto

Landwirtschaftsverlag GmbH,
48084 Münster

Impressum

Fotos: Atelier Dagmar Ossig, Münster,
Seiten 27, 82
Nitschke Fotografen, Bielefeld,
Seiten 16, 24, 34, 40, 43, 46, 55, 56, 65, 71, 72, 74, 80
Detlef Güthenke, Gütersloh,
Seiten 13, 19, 29, 30, 33, 49, 58, 61, 63, 68, 76, 78, 92
Schlag & Schmitz GmbH, Emsdetten,
Seiten 9, 10, 15, 20, 22, 37, 38, 44, 51, 52, 67, 84, 87, 89, 90, 95
Korrektorat: Dorothea Raspe, Münster
Gestaltung: KreaTec – Grafik, Konzeption und Datenmanagement im Landwirtschaftsverlag GmbH, Münster
Druck: B.O.S.S Druck und Medien GmbH, Goch

ISBN 978-3-7843-5035-6